目錄

一探究竟

山崩是在重力作用下發生的崩塌現象，農村的老百姓把這種現象稱為「地滑」、「走山」等。

隨著人口快速增加，山坡地已成為重要的開發目標。要是開發商對山坡地認識不足，導致土地利用不當，山崩就會發生。

山崩的危害

洪水災害

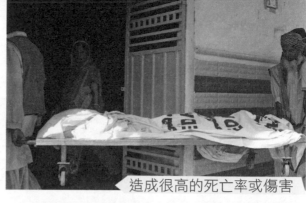

造成很高的死亡率或傷害

破壞道路

損毀房屋

破壞生態系統

山崩是自然災害,對人類造成的禍害很多。雖然無法完全防治,但還是有方法可以避免遭受其害或使災害減少到最低程度。

農牧業減產

這一次,小太陽來到了景色秀麗的山區,但看見自私的人類為了謀利,竟然破壞了山區的平穩性。小太陽有辦法制止他們嗎?

角色介紹

個性
非常有時間觀念，急躁，愛催促大隊。

超能力
一部時光機，能控制時間，不但能回到過去，穿梭到未來，還能讓時間停止。

個性
自我感覺良好，總覺得自己是高水準動物。

超能力
身體裡面的魚是思維的控制中心。模仿能力很強，可以變成任何物體。遇到險境時，是隊裡的逃難救星。

咚咚

圓圓

苗苗

大陽

小陽

個性
比較害羞和溫順，是善良可愛的小植物精靈。

超能力
不斷地向它澆水會變得非常巨大。在遇到頑敵時，是小太陽隊裡的殺手鐧。

個性
聰慧冷靜，反應敏捷，脾氣溫順，但囉唆愛嘮叨。

超能力
體內充滿太陽能，能發電，具有讓生物復活的特異能力。

個性
急性子，迷糊。平日好玩，常自作聰明，好奇心重，但本性善良，視大陽為偶像。

超能力
太生氣時，頭上會射出高能量的藍火焰。藍火焰會將周圍的東西燒焦。

火龍果
(Dragon Fruit)
本故事的主角，熱愛大自然，勇敢，富有正義感。他不滿爸爸和村民為了金錢替非法開發商開發山林。

火龍眼
(Dragon Eye)
火龍果的爸爸，處處為孩子著想，為了讓孩子過更好的生活而替非法開發商做事。

光頭王
(Botak Wong)
貪婪、自私的非法商人，用金錢誘惑村民替他工作。

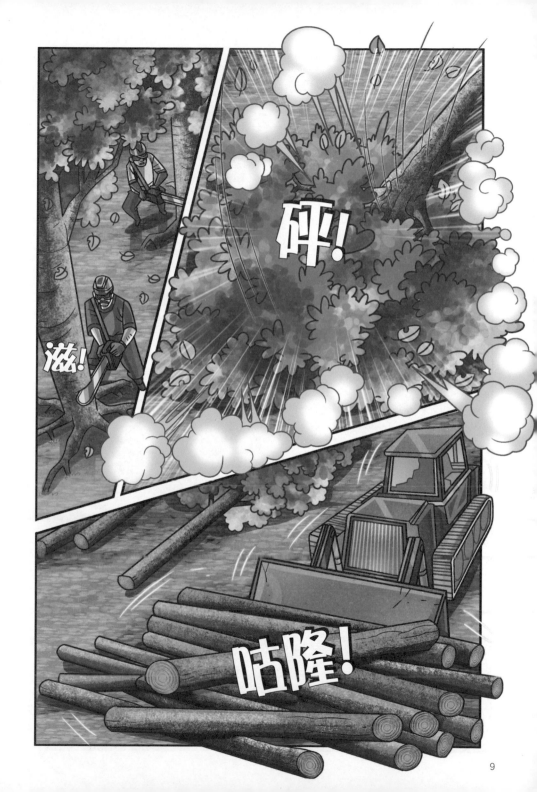

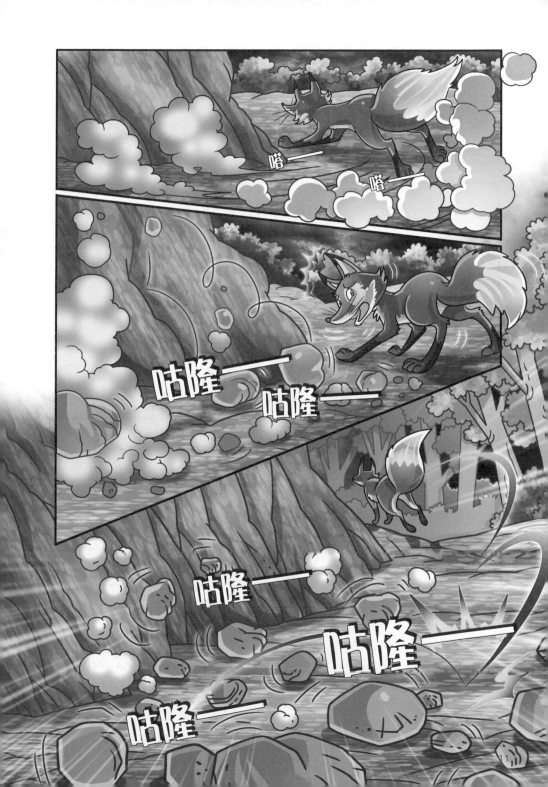

第一章
給太陽的驚喜

小矮人從此過著幸福、

快樂……

的生活。

哇，如果能住進
小矮人的房子，
那該有多好！

15

19

火龍果
果果村村民

這些應該夠今天的
露營用了吧？

誰在跟蹤
我？

23

25

天災常識

巨石崩塌

「轟隆隆……」不會吧？山體竟然瓦解，崩塌了！

當山坡上的岩石、土壤受到重力的影響下，並且以極快的速度往下坡移動，那稱為塊體運動（Mass Movement），又名崩壞運動，俗稱山崩。

山崩的原因可分為內在因素、外在因素和人為因素。

內在因素：

坡度

山坡的坡度越陡峭（坡度很大，近於垂直），下滑力就會增加，土石就越容易下滑。

坡度陡峭（ㄅㄡˋ ㄑㄧㄠˋ）　　坡度平緩

山坡傾斜方向

當岩層傾斜的方向和山坡同向時，稱為順向坡，是經常發生山崩的地方；反之稱為逆向坡。

順向坡　　　　　逆向坡

順向坡和逆向坡的示意圖

土壤或岩石層鬆散

破碎帶（因受到斷層擠壓而充滿細碎石礫的地帶）、岩層中多節理的部位和性質柔軟的岩石容易滲水，造成泥岩軟化，有利於滑動。

（圖片源自：www.fm12688.com）

坡邊處於破碎帶，容易發生
大規模的山崩

LANDSLIDE

外在因素：

高強度及長時間的降雨

大量和長時間的降雨會導致土石的重量增加、溪水暴漲、泥沙被沖刷，雨水還會滲入岩層裂縫中，產生潤滑效果，促成山崩。

（圖片來自：i2.wp.com）

2014年，日本廣島市因豪雨引發了山崩，數十棟房子被沖毀了，一些居民慘遭活埋。

地震

地震的搖晃也會直接觸發山崩。

（圖片來自：www.fiferis.com）

2008年，中國汶川發生了芮氏8.0級地震，引發山崩地裂。

人為因素：

過度及不當的開發

增加坡頂的重量（圖1）、挖空坡腳（圖2）、開發森林，導致坡面土石裸露，加速風化侵蝕作用（圖3），這些行為都容易引發嚴重的山崩。

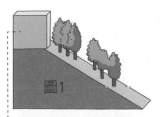

圖1

在斜坡上興建建築物或非建築物結構體。

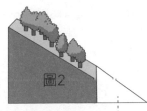

圖2

坡腳懸空，斜坡變陡了。

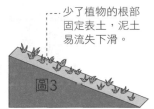

少了植物的根部固定表土，泥土易流失下滑。

圖3

第二章
金錢的誘惑

呀呼——

小陽，小心！

咦，怎麼這裡的樹長得歪歪斜斜的？

真的嗎？

大概是樹怕了你，全都彎了腰。

31

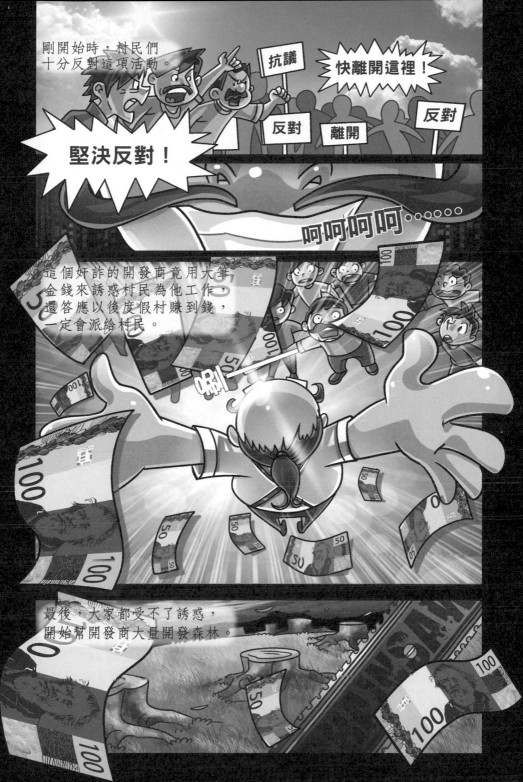

他們在山區開發森林，遇上雨季的話，山腳下的村民會有危險！
你說得沒錯。他們計畫砍斷坡腳來建度假村。
但這樣會破壞山坡的穩定性，所以政府並沒有批准這項提案。
你的意思是說，他們是非法的？
這是犯法的啊！沒人去告發他們嗎？
我爸爸就是其中一個工人！
幾乎全村的大人都加入了這項工程！

天災常識 不同類型的山崩

塊體運動（山崩）可分為緩慢式和快速滑動兩類。

1 緩慢式運動的山崩

緩慢塊體運動不容易被察覺，但能從各種跡象顯示出來，如潛移（Creep）、土石緩滑（Solifuction）和石冰川（Rock Glacier）

· 潛移

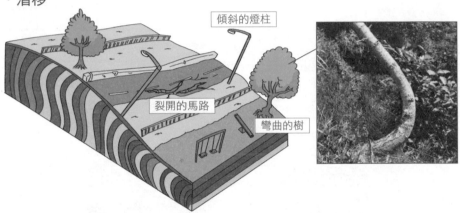

傾斜的燈柱

裂開的馬路

彎曲的樹

利用儀器探測或觀察地表變化，如彎曲的電杆和樹木等，
可證明山坡是否有潛移現象

· 土石緩滑（泥流）

（圖片來自：4.bp.blogspot.com）

· 石冰川

（圖片來自：4c2.static.flickr.com）

LANDSLIDE

2 快速滑落運動的山崩

肉眼可見的塊體移動，包括崩落（Fall）、滑動（Slide）、崩移（Slump）和流動（Flow）。

■崩落

指岩塊或岩屑與基石脫離，沿山坡滾滑在坡腳堆積的過程。崩落發生的速度快而突然，經常發生在地形陡峭的山坡，或窄小、高峭的道路邊坡。

■滑動

滑動也叫山泥傾瀉，是指土壤地質組成的坡體因為受到外力作用（如坡度很大、雨水及地表侵蝕、沖刷），而產生向下滑移的現象。

■崩移

一個或數個岩塊或土塊，因為山坡有幾近垂直的破裂面，而向前倒塌的現象。主要是坡腳的開挖工程，或是河岸之沖刷或淘挖作用所造成。大型的崩移可涉及長數公里、寬達百多米的範圍，我們稱之為大型山崩。

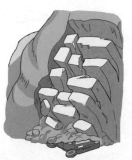

■流動

流動是指泥土、沙、石塊和水混合在一起，形成黏稠體一起向下流動的現象。可根據流動物的性質和速度分為泥流、泥石流、泥石急流和土流。發生時往往因其流速快、具突發性、衝擊力強及破壞性大而造成許多嚴重災情。

WARNING

第三章
漏水的樹洞屋

這場長命雨到底什麼時候才會停啊？

謝謝啦！這太可愛了，感覺跟我的風格有點不搭。

貼上圓圓牌膠布，你的傷口很快就會好了！

不會啦！

43

嗚嗚……我的樹洞屋沒了!

嗚嗚嗚……

別難過了,人平安沒事就好!

怎麼了?

平……安?

我的好朋友……他們還在營地那裡,我擔心他們會出事……

51

天災常識 重大災害事件

每相隔十分鐘,地球的某處就發生一次山崩,即使用最敏感的儀器,科學家也無法準確地預測出發生山崩的時間和地點。

規模大的山崩可造成嚴重的人畜傷亡和財產損失。此外,山崩後的石塊或土塊還會阻塞河流,造成洪水災害。

（圖片源自：www.bit.edu.cn (2)）

山崩後的山體

死亡人數最多的山崩

1920年,中國(China)寧夏海原縣發生了高達芮氏8.5級的地震,結果引發了5500公尺長的山崩,18萬人同葬一穴。滑坡體還將2500公尺的一段河流堵塞,在上游處形成堰塞(一ㄢˋ、ㄙㄜˋ)湖。

（圖片源自：www.bit.edu.cn）

堰塞湖

 小知識

堰塞湖是指山體崩塌後,大量岩石或火山熔岩流等堵住了山谷,因擋住水流而形成的湖泊。

史上危害最大的山崩

1970年,秘魯(Peru)的瓦斯卡蘭山坡(Mount Huascarán)發生了芮氏7.9級的地震,也引發了一場大山崩,造成1.8萬人死亡。這場山崩掩埋了10個村莊及雲蓋鎮(Yungay)的大部分地區,可説是20世紀最嚴重的災難之一。

（圖片源自：upload.wikimedia.org）

圖中的光影是當年山崩,山體(冰、泥漿和岩屑等)所掩蓋的部分

20世紀最嚴重的泥石流

1999年，位於南美洲（South America）的委內瑞拉（Venezuela）北部的8個州連降特大暴雨，山體大面積滑塌。數十條溝谷同時暴發大規模的泥石流，沖毀大量房屋，毀了多處公路，淹埋大片農田，造成的死亡人數超過3萬，經濟損失高達100億美元。

樓房破壞

災害後的村鎮

特大泥石流災害

2006年，菲律賓（Philippines）東部連日下暴雨，導致山體豁開一個大缺口，泥漿和岩石向下傾瀉形成泥石流。方圓5至7公里的土地 那間變成一個巨大泥潭，300多座房屋被埋沒，村內1800多人遇難，倖存者只有20多人。

泥石流

災後現場

第四章
大禍即將來臨！

62

天災常識

山崩前的徵兆

山崩發生之前，山體或附近的區域通常會出現異狀。這些異狀可以幫助我們判斷出該山坡會否發生山崩，並事先進行適當的避難措施。

房屋或元件出現裂痕或扭曲

建在山區或坡下的房子出現裂痕或者門窗微微變形，表示山坡開始變得不穩定。但是，這種情況也可能由其他原因所引起，如房屋老舊等，因此必須謹慎調查清楚。

房子出現裂痕

門或窗微微變形，較難打開

（圖片來自：www.planat.ch）

坡面龜裂

坡頂或坡面龜裂

坡頂和坡面是山體崩落的主要部位。如果出現了裂痕，就要多加留意了。

擋土牆或坡面龜裂、變形或鼓脹

山體內的土壤開始移動，或滲入過多的水而導致內裡壓力變大，因此擋土牆或坡面會出現裂痕、變形或鼓脹。

坡面鼓脹

擋土牆龜裂

（圖片來自：geohazard.gl.ntu.edu.tw）

LANDSLIDE

坡下出現滲水

滲水表示坡面有裂縫的存在，長期的滲水可能軟化岩層的強度，導致山體容易滑動。

坡下滲水

山坡內的土壤或岩壁會局部崩落或掉落

少量的碎屑或泥漿滑動，表示坡邊開始有崩落的危機。

少量的碎石崩落

山坡的道路出現裂痕或凹陷

山坡的道路出現裂痕或凹陷表示大地正大幅度地運動，是大山崩前的警告。

山坡的道路龜裂

電線杆和樹幹傾斜或移動

原本垂直生長的樹木和直立的電線杆若出現傾斜現象，表示這個斜坡有滑動的可能。

樹木傾斜

電線杆傾斜，地面彎曲

第五章
崩！跑！

火龍果，
你在哪裡啊？

識別山崩地帶

根據坡體的地形、地貌和地質構造，我們可識別這座山是否會崩塌。若你居住在具備以下特徵的山區，就要多加注意了！

45°

坡度大的山坡

（圖片源自：en.wikipedia.org）

坡度達45度以上的高陡斜坡，或坡體成孤立山嘴（指山腳伸出去的尖端部分），或凹形陡坡。

山嘴

凹形陡坡

（圖片源自：www.forest.gov.tw）

坡體上或坡體內有多處明顯的裂隙。

坡體前部存在臨空空間，或有崩塌物堆積，説明該山坡曾發生過崩塌，以後可能再次發生。

LANDSLIDE

事出必有因，除了受自然力量影響（地震、風災或暴雨），人為開發更是引發山崩的主要誘發原因。

採掘礦產資源（煤礦、鐵礦等）的地區經常發生山崩，比如露天採礦場的邊坡崩塌或地下採礦形成巨大空洞而引發崩塌。再來，採礦業者使用爆破技術造成山搖地動，因此更易發生山崩。

進行道路工程（修築鐵路或公路）時，開挖邊坡需要切割軟弱地層，再加上大爆破帶來的強烈震動，都可能引發崩塌。

水庫蓄水與管道滲漏，浸潤和軟化了地表，岩層／土層裡的水壓增加，可能導致崩塌發生。

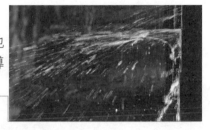

在可能崩塌的地段進行不適當的**堆渣或填土**，會增加坡體的承重量，因此而破壞了坡體的穩定性，引發山崩。

強烈的機械震動，如火車或機車行進中的震動或工廠的機械震動，都可促成山崩。

87

94

96

預防不能忽視

山崩是自然現象，要完全避免是不可能的。為了減少災害損失，也降低救災和重建的困難，防災和減災的準備絕對不能忽視。

主要的防治措施包括檢測預報、工程防治和生物防治。

檢測預報

安裝檢測儀器，及時對災害進行預報，以確保人民的生命安全。

（圖片源自：riotimesonline.com）

確認山坡有可能發生山崩後，預先向有關部門和群眾通報。

工程防治

在滑坡前沿建擋土牆，**擋土牆（Retaining Wall）**是最常見的滑坡防治工程，具擋土、穩定邊坡的功能。

塊石漿砌擋土牆是最常用的擋土牆，用於5米以下的坡邊，施工方便。

石籠是擋土牆的一種。首先以鉛絲變成空盒狀，再填入鵝卵石或石塊。它適合建於滲透水多的坡面、土壤較軟弱的地區或挖方邊坡。

（圖片源自：amuseum.cdstm.cn）

錨杆式擋土牆適用於已發生災害、高挖方邊坡等滑動面較深的滑坡。

調查結果顯示，80％以上的山崩發
生在雨季，與水（大氣降水或地下
水）作用有關係，因此山坡的排水
工程十分重要。

設置地下排水設施，以避免地下
水蓄積而引發山崩。

排水管
的外觀

排水管
的內部

在坡邊、擋土牆上
插入小管或小孔或
鑿小孔，以排出岩
層中的水。

生物防治

護坡指的是防止山體表層受風雨沖刷，而在坡面上所做的各種鋪砌和
栽植的統稱。種植樹、草以加強邊坡的保水能力，防治水土流失，也
使水流動的速度變慢，從而減弱雨水對地表的沖刷力。

網格生態護坡是其中一種施工工藝簡單又經濟實用的護坡工程，
它結合了護坡結構和植物護坡，具有極強的護坡效果

第七章
劫後大悟

哎呀，一定要趕快救他們出來才行。要是地面塌陷，他們會沒命的！

爸爸，你在哪裡？

嗚哇

咦？那裡有嬰兒的聲音！

不要理我，快帶我的孩子離開這裡！

呼—

不，我不能把你留在這裡！

不必擔心我，只要孩子安全就行了……

那我先帶寶寶出去。

我一定會回來救你的，你一定要撐著啊！

123

鎮定能保命

當你不幸遭遇山崩時，千萬不要慌亂，儘量保持冷靜，想辦法逃到安全的地方。

如果發現居住的地區有發生山崩的風險，你應該這樣做：

1 一旦發現山區或住宅有異象，立即通知住宅管理單位和鄰里，並提醒家人做好逃生的心理準備。

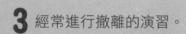

2 預先設想避災的安全路線和地點。

3 經常進行撤離的演習。

4 平日準備好緊急糧食及物品，包括至少3天用量的水和乾糧、保暖衣服、防雨器具、鞋子、手電筒、收音機、通訊設備（手機和充電器）、乾電池、急救包、藥品、繩子、哨子、重要文件（身分證、保險單、房契及出生證明書）、備用現金等。

LANDSLIDE

若你要前往可能遭遇山崩或曾經發生山崩的地區出遊時，你應該這樣做：

1 前往山區旅遊前，一定要先了解當地近期的天氣狀況及地質災害預報，儘量避免大雨天出遊。

2 保持警覺和清醒，因為很多人在山崩時都是在熟睡中喪命。

3 觀察周圍環境，如果聽到山谷傳來打雷般的聲響、發現水流量突然增減或水變混濁，就要提高警惕，因為這些很可能是泥石流的徵兆。

4 當遭遇山崩時，要朝滾石前進的垂直方向逃跑，千萬不要朝滑坡方向跑。

5 當你無法繼續逃離時，可迅速抱住身邊的樹木或其他固定物體。另外，也可蹲在地溝裡，用手或衣服裹住頭部。

WARNING

國家圖書館出版品預行編目（CIP）資料

小太陽奇遇探險王～天災警報系列 3《沙石狂崩》山崩篇／蘇錦潤，碰碰腦創意工作室著；湯振，湯維繪 . -- 初版 . -- 臺北市：臺灣東販股份有限公司, 2024.02

136 面；14.8×21 公分

ISBN 978-626-379-213-5（平裝）

1.CST：山崩 2.CST：防災教育 3.CST：安全教育 4.CST：兒童教育

528.38   112021863

小太陽奇遇探險王～天災警報系列❸

《沙石狂崩》山崩篇

2024 年 2 月 1 日初版第一刷發行

著　　者	蘇錦潤、碰碰腦創意工作室
漫　　畫	湯唯、湯振
主　　編	陳其衍
美術編輯	林泠
發 行 人	若森稔雄
發 行 所	台灣東販股份有限公司
	＜地址＞台北市南京東路 4 段 130 號 2F-1
	＜電話＞(02)2577-8878
	＜傳真＞(02)2577-8896
	＜網址＞ http://www.tohan.com.tw
郵撥帳號	1405049-4
法律顧問	蕭雄淋律師
總 經 銷	聯合發行股份有限公司
	＜電話＞(02)2917-8022

益智
學習單

LANDSLIDE

01

山崩是自然災害，對人類造成許多無法挽回的禍害，請問以下何者不屬於山崩的危害？

A. 洪水災害　B. 破壞道路　C. 感染流行病　D. 破壞生態系統

02

造成山崩有許多因素，下列何者不屬於山崩原因當中的內在因素？

A. 坡度很大　B. 過度開發
C. 岩層傾斜方向和山坡同向　D. 土壤或岩石層鬆散

03

緩慢式運動的山崩不容易被察覺，但能從各種跡象顯示出來，以下何者不屬於緩慢式山崩的跡象？

A. 潛移　B. 土石緩滑　C. 崩移　D. 石冰川

04

山體崩塌後，大量岩石或火山熔岩流等堵住了山谷，因擋住水流而形成的湖泊是？

A. 內流湖　B. 堰塞湖　C. 火山口湖　D. 人工湖

05 當岩層傾斜的方向和山坡同向時，此處會是經常發生山崩的地方，請問此處稱為？

A. 順向坡　B. 逆向坡　C. 向陽坡　D. 好漢坡

06 許多因素都會造成山坡地的破壞導致嚴重的山崩，下列何者不屬於人為因素的破壞？

A. 增加坡頂的重量　　B. 挖空坡角
C. 開發森林　　　　　D. 土壤或岩石層鬆軟

07 快速滑落運動的山崩中，一個或數個岩塊或土塊，因為山坡有幾近垂直的破裂面，而向前倒塌的現象稱為？

A. 崩落　B. 滑動　C. 崩移　D. 流動

08 山崩發生前，山體或附近的區域會出現異狀。這些異狀可幫助判斷出該山坡會否發生山崩，以下何者不屬於山崩前的徵兆？

A. 坡頂或坡面龜裂　　B. 動物的異常行為
C. 坡下出現滲水　　　D. 山區或坡下房屋出現裂痕

09 根據坡體的地形、地貌和地質構造，可識別這座山是否會崩塌，以下何種特徵不具有識別的判斷功能？

A. 坡體前部存在臨空空間　　B. 坡體上有多處明顯的裂隙

C. 坡體出現大量動物　　　　D. 坡度達45度以上的高陡斜坡

10 除了自然力量影響，人為開發更是引發山崩的主要誘發原因，以下何者不屬於人為因素？

A. 長時間及高強度降雨　　B. 採掘礦產資源

C. 進行道路工程　　　　　D. 水庫蓄水與管道滲漏

11 為了減少災害損失，山崩防災和減災的準備絕對不能忽視，以下何者不屬於山崩的預防防治措施？

A. 工程防治　　B. 接種疫苗　　C. 檢測預報　　D. 生物防治

12 當不幸遭遇山崩時，我們必須即時採取自救行動，但下列哪一項是不應該做的行為？

A. 預先設想避災的安全路線　　B. 經常進行撤離的演習

C. 發現異象時，為了自身安全應立即逃跑不需通知其他人

D. 平日準備好緊急糧食及物品

解答

01：**C**　02：**B**　03：**C**　04：**B**

05：**A**　06：**D**　07：**C**　08：**B**

09：**C**　10：**A**　11：**B**　12：**C**

答對10～12題

真厲害！你是山崩知識小高手，已經把本書的山崩相關知識都吸收成自己的知識了喔！

答對7～9題

雖然有些山崩知識還沒有吸收，但已經很棒了，只要再複習一下，一定可以答對更多題。

答對4～6題

喔喔！竟然有一半的題目沒答對，我還有很大的進步空間，讓我再好好的從頭閱讀一遍！

答對0～3題

OMG！我只答對這麼少題，到底是哪些內容沒看懂呢？我要更認真學習一下才行！